BEI GRIN MACHT SICH IHR WISSEN BEZAHLT

AF166932

- Wir veröffentlichen Ihre Hausarbeit, Bachelor- und Masterarbeit

- Ihr eigenes eBook und Buch - weltweit in allen wichtigen Shops

- Verdienen Sie an jedem Verkauf

Jetzt bei www.GRIN.com hochladen und kostenlos publizieren

Bibliografische Information der Deutschen Nationalbibliothek:

Die Deutsche Bibliothek verzeichnet diese Publikation in der Deutschen National-
bibliografie; detaillierte bibliografische Daten sind im Internet über http://dnb.d-
nb.de/ abrufbar.

Impressum:

Copyright © 2018 GRIN Verlag
Druck und Bindung: Books on Demand GmbH, Norderstedt Germany
ISBN: 9783346045430

Dieses Buch bei GRIN:

https://www.grin.com/document/501241

Franziska Scherer

Strategisches Management. Change Management, Strategieimplementierung, Balanced Scorecard, Unternehmensethik

GRIN Verlag

GRIN - Your knowledge has value

Der GRIN Verlag publiziert seit 1998 wissenschaftliche Arbeiten von Studenten, Hochschullehrern und anderen Akademikern als eBook und gedrucktes Buch. Die Verlagswebsite www.grin.com ist die ideale Plattform zur Veröffentlichung von Hausarbeiten, Abschlussarbeiten, wissenschaftlichen Aufsätzen, Dissertationen und Fachbüchern.

Besuchen Sie uns im Internet:

http://www.grin.com/

http://www.facebook.com/grincom

http://www.twitter.com/grin_com

Deutsche Hochschule für

Prävention und Gesundheitsmanagement

Hermann Neuberger Sportschule 3

66123 Saarbrücken

Einsendeaufgabe

Fachmodul: Strategisches Management II

Studiengang: MBA – Sport- und Gesundheitsmanagement

Datum

Präsenzphase: 04.06.2018 – 07.06.2018

Name, Vorname: Scherer, Franziska

Studienort: **Saarbrücken**

Semester: **1**

Inhaltsverzeichnis

1 Aufgabe 1: Bodo Müllers Plan

1.1 Gründe für den Wandel

Bodo Müller möchte einen Wandel der Marketingstrategie der Gesundheits- und Medizintechnik AG initiieren, da er eine Veränderung des Marktes und des Kundenverhaltens absieht. Im Zuge einer Neuausrichtung der Marketingstrategie möchte er zukünftig die Bedürfnisse des sogenannten „C-Levels" ansprechen.

Bodo Müller hat folgende Gründe für den Strategiewandel:

1. Die Entscheidung über die Neuanschaffungen von Geräten wird nicht mehr von den Krankenhausärzten, sondern vermehrt von Administrationspersonal und Einkaufsabteilungen getroffen. Diese treffen ihre Kaufentscheidungen vielmehr aus ökonomischen Gründen als dies zuvor die Ärzte taten.

2. Aufgrund der niedrigen staatlichen Finanzierung der Krankenhäuser in den vergangenen Jahren sind diese nicht imstande in neue Geräte zu investieren und es werden folglich eher ältere Geräte instandgehalten.

3. Im Bereich der medizinischen Geräte ist aus verschiedenen weiteren Gründen für den deutschen Markt nur ein sehr geringes weiteres Marktwachstum zu erwarten. Unter Anderem ist das Budget der Krankenhäuser limitiert. Daher muss das Unternehmen zukünftig ganzheitliche Lösungen liefern, die die Effizienz in Krankenhäusern steigern, und sich damit über seine bisherige reine Technologie- und Ingenieurorientierung hinaus ausrichten.

1.2 Aspekte des Strategiewandels

In einem ersten Schritt des Change-Managements hält Bodo Müller bei einem Meeting des Marketing-Boards eine Präsentation, um die Marketing Vizepräsidenten von seiner Idee zu überzeugen und gleichzeitig zum Handeln zu animieren. Hier befindet er sich in der Phase der Durchsetzung der Strategieimplementierung nach Raps (2004, S. 55) und möchte durch die Vermittlung seiner Strategie bei den betreffenden Personen Verständnis gewinnen.

Darauffolgend führt er ein geschäftsbereichsübergreifendes Projekt ein, das er bereits in seiner Ideenpräsentation beim Marketingboard ankündigt. Das Projekt soll innovative Ideen zum C-Level Marketing und Lösungsvorschläge zum Strategiewandel entwickeln. Diese Maßnahme ist ein deutliches Signal und Vorangehen gegenüber den Mitarbeitern.

Er begibt sich somit in die Phase der Umsetzung (vgl. Raps, 2004). Zudem gründete Bodo Müller eine Arbeitsgruppe, um die Mitarbeiter aller Unternehmenseinheiten auf Arbeitsebene in den Wandel einzubinden und lud alle relevanten Personen zur Kick-Off-Veranstaltung dieses Projektes ein.

1.3 Barrieren und Widerstände

Sollen aktuelle Prozesse, Denkweisen und Gewohnheiten umgestellt werden, ist mit starker emotionaler Reaktion seitens der Betroffenen zu rechnen (Venzin, Rasner, & Mahnke, 2010, S. 220). Daher resultieren aus Veränderungen im Unternehmen häufig Barrieren und Widerstände. Bodo Müller könnte im Falle seines Strategiewandels Folgendes entgegenstehen:

1. Die einzelnen Abteilungen verfolgen aufgrund der Unternehmensstruktur nur ihr Eigeninteresse, haben daher das Gesamtsystem nicht im Blick und deshalb wenig Verständnis und Motivation für bereichsübergreifende Maßnahmen und Strategien.

2. Verschiedene Ängste von Seiten der Mitarbeiter. Z. B. vor dem Verlust des Arbeitsplatzes, da die neue Strategie bereichsübergreifend organisiert werden soll und deshalb wahrscheinlich weniger Personal für Marketing benötigt wird.

3. Mangelndes Vertrauen und Unsicherheiten: Sollte Bodo Müllers Prognose für die Marktentwicklung nicht eintreten und die Gesundheits- und Medizintechnik AG durch den Strategiewandel an Marktanteilen verlieren, bedeutet das für viele Mitarbeiter auch den Verlust von Vermögen, da 70 % der Mitarbeiter Aktionäre des Unternehmens.

4. Es herrscht eine starke Identifikation und ein ebenso starkes Vertrauen (70% der Mitarbeiter haben Unternehmensaktien) in die Werte und Praktiken, die das Unternehmen aktuell verfolgt und daher wenig Toleranz für den angestrebten Wandel, der für betroffene Arbeitnehmer als Risiko gesehen wird.

2 Aufgabe 2: Change-Management

2.1 Gründe für Scheitern

Die Gründe, warum der von Bodo Müller geplante Wandel der Marketingstrategie gescheitert ist, lassen sich anhand des 8-Stufenmodells nach Kotter (1996, S. 15) darstellen:

Tabelle 1: Gründe für das Scheitern

Gründe für das Scheitern		Erläuterung
Zu viel Selbstgefälligkeit	Stufe 1	Bei den Marketing Vizepräsidenten (Durch die Erläuterungen Bodo Müllers wurde kein nachhaltiges Gefühl der Dringlichkeit geweckt, da diese dem Thema im Nachhinein doch keinen hohen Stellenwert und insbesondere kein Budget einräumten.)
Es fehlt eine ausreichend starke Erneuerungs- bzw. Führungskoalition	Stufe 2	Bodo Müller hätte neben den Marketingvizepräsidenten auch die übergeordnete Führungsebene von seinem Vorhaben überzeugen müssen, um jedoch genug Unterstützung von Seiten der Führung für sein Vorhaben zu haben.
Die Kraft der Vision wird unterschätzt	Stufe 3	Bodo Müller nutzt in seiner Präsentation seines Vorhabens weder die Unternehmensvision, noch stellt er eine strategische Vision für sein Projekt vor. Eine Verknüpfung von Vision, Strategie und angestrebtem Soll-Zustand hätte die Mitarbeiter auch emotional erreicht und damit mehr bewegt.
Mangelnde Kommunikation der Vision	Stufe 4	Bodo Müller präsentierte sein Vorhaben nur den Vizepräsidenten, die der geplante Wandel nicht alleine träfe. Folglich wären auch höhere und tiefere Hierarchieebenen einzubeziehen gewesen.
Zulassen, dass Hindernisse die neue Vision blockieren.	Stufe 5	Ein Nachteil einer Organisation im Mehrliniensystem, wie es eine Matrixorganisation darstellt, ist nach Schulte-Zurhausen (2010, S. 257) unter anderem eine problematische Abgrenzung von Zuständigkeiten und Verantwortung und ein hoher Abstimmungs- und Kommunikationsbedarf. Die

		Bestimmung zur Budgeteinräumung und somit für oder gegen das übergeordnete Projekt wurde ungünstiger Weise den Vizepräsidenten, die jeweils nur für einen separaten zuständig sind, überlassen. Außerdem wurde auch den anderen im Kapitel 1.3 beschriebenen Befürchtungen und Unsicherheiten der Mitarbeiter nicht vorgesorgt.
Unfähigkeit, schnelle Erfolge zu erzielen	Stufe 6	Bei Bodo Müllers Präsentation seines Vorhabens fehlten Kennzahlen und konkrete Aufträge, Ziele und Timelines, womit der Wandel messbar gemacht werden könnte. Es wurden nur Bodo Müllers Prognosen für eine zu erwartende Veränderung des deutschen Medizingerätemarkts vorgestellt.
Kultur bleibt unverändert	Stufe 8	Bodo Müller bezieht die bestehende Unternehmenskultur nicht in sein Change-Management mit ein. Er könnte sich diese sogar zunutze machen, indem er, wie oben bereits erwähnt, auch übergeordnete Führungsebenen mit einbezieht und die Mitarbeiter über eine Strategievision für ein gemeinsames Ziel motiviert. Die Unternehmenskultur sieht eine Identifikation mit den Führungskräften und dem Unternehmen als Ganzem und nämlich vor (Deutsche Hochschule für Prävention und Gesundheitsmanagement, 2018, S. 2 f.).

2.2 Veränderungen meistern

Anhand von Kotters „8 Beschleuniger Modell" (Kotter, 1996, S. 20) werden im Folgenden Lösungsstrategien entwickelt, die zum Erfolg der Umsetzung führen würden:

Tabelle 2: Veränderungen meistern nach dem 8-Beschleuniger-Modell nach Kotter

Stufe	Lösungsempfehlung	Begründung
Stufe 1	Gefühl der Dringlichkeit für eine bedeutende Chance wecken	Bodo Müller hätte Bezug auf die Unternehmenskultur nehmen können. Die sachlichen Fakten führte er in den Meetings an, jedoch hätte er die Führungskräfte emotional erreichen und ihnen klarmachen müssen, dass sie für den Unternehmenserfolg von größter Bedeutung sind, indem er zum Beispiel die Konsequenzen aufzeigt, im Falle, dass das Unternehmen den Wandel verpasst. Außerdem hätte Müller auch den Vorstand von der Dringlichkeit des Wandels überzeugen müssen. Nur wenn die oberste Hierarchieebene ebenso von der Notwendigkeit überzeugt ist und das auch kommuniziert, entsteht im gesamten Unternehmen das Gefühl der Relevanz.
Stufe 2	Aufbau und Pflege einer lenkenden Koalition	Für seine Arbeitsgruppe hätte Bodo Müller mindestens einige Vizepräsidenten der Abteilungen für sein Team gewinnen müssen. Bestenfalls muss er übergeordnete Führungskräfte für dieses Thema sensibilisieren. Diese verfügen über Entscheidungsgewalten und sollen den restlichen Mitarbeitern als Vorbilder vorangehen.
Stufe 3	Eine strategische Vision formulieren und Change-Initiativen entwickeln	Bodo Müller hätte bereits ein konkretes Konzept für das C-Level-Marketing mit einer konkreten Vision entwickeln müssen. Da dieser Bereich in der Gesundheits- und Medizintechnik AG etwas Neues ist, konnte sich gegebenenfalls keiner etwas darunter vorstellen. Mit einer Veranschaulichung der Maßnahmen und der zu erwartenden Resultate hätte er deutlich mehr Interesse wecken können.
Stufe 4	Kommunikation der Vision und der Strategie, um Unterstützung und Freiwillige zu gewinnen	Eine Ausarbeitung einer konkreten Vision ist bei einer Veränderung unabdingbar, da Menschen Neuerungen gegenüber meist kritisch gegenüberstehen. Mit einer sinnvollen und nachvollziehbaren Argumentation kann man die Belegschaft aber durchaus für sich gewinnen. Auch hierbei spielen die Führungskräfte die Schlüsselrollen. Außerdem ist es wichtig, die Mitarbeiter, die sich an dem Projekt beteiligen, ebenso emotional anzusprechen. Die Freiwilligen sollten das Gefühl haben zum positiven Wandel des Unternehmens beizutragen und es mit ihrem Engagement in eine erfolgsversprechende Zukunft zu führen (Kotter, 1996, S. 22).
Stufe 5	Hindernisse beseitigen, um ein rasches Vorankommen zu ermöglichen	Bodo Müller hätte den Vizepräsidenten klarmachen müssen, dass sie trotz einer teilweisen Zusammenlegung des Marketings weiterhin über eigene Entscheidungsgewalten verfügen und das Projekt weder ihre Abteilungsziele einschränkt, noch sie dadurch in ihren

		Kompetenzen eingeschränkt werden. Zwar waren die ersten Reaktionen der Vizepräsidenten durchaus positiv, jedoch zögerten diese bei der Bewilligung eines entsprechenden Budgets für Bodo Müllers Plan. Ein Grund , weshalb sie keine eigenen Ressourcen für ein übergeordnetes Projekt aufbringen wollten, könnte ihre eigene individuelle Ergebnisverantwortung sein und dass jeder einzelne daher zu sehr auf seinen eigenen Bereich und seine eigene Zahlen fixiert ist. Eventuell besteht sogar ein Leistungswettbewerb zwischen den Abteilungen, weil jede mit den „besten" Zahlen glänzen möchte. Durch die Einbeziehung des Vorstands, der das Projekt über die Leistungsziele der einzelnen Abteilungen stellen und vermutlich mit zusätzlichen Ressourcen unterstützt, hätte Bodo Müller das Risiko der Umentscheidung einzelner Vizepräsidenten verringern können und somit dieses Hindernis beseitigt.
Stufe 6	Schnelle bedeutende Erfolge zelebrieren	In dem Treffen nach drei Monaten hätte Bodo Müller betonen müssen, was sich bereits alles verändert hat anstatt darüber zu klagen, dass es in der Arbeitsgruppe nur mühsam vorangeht. Der Fokus muss hierbei auf den Fortschritten liegen, um zu signalisieren, dass man damit auch etwas erreichen kann. Sobald Bodo Müllers Projekt erste kleine Erfolge (wie beispielsweise eine Generierung neuer Geschäftskontakte) erzielt, sollte das an alle Kollegen kommuniziert werden. Dadurch werden die Freiwilligen, die sich für das Projekt engagieren, motiviert und gewertschätzt. Anderen Mitarbeiter wird gleichzeitig signalisiert, dass sich Engagement auszahlt und das Projekt erfolgreich ist.
Stufe 7	Nicht nachlassen, stets weiter lernen und nicht zu früh den Sieg ausrufen	Es war nicht ausreichend, lediglich die Arbeitsgruppe einzurichten. Gerade im Hinblick darauf, dass damit noch keine großen Fortschritte gemacht wurden. Nach jeder kleinen „Etappe" sollte die Situation neu analysiert und bewertet werden. Es wäre sinnvoll gewesen neue Mitarbeiter für die Gruppe zu rekrutieren, die gegebenenfalls auch wieder neue Ideen mit einbringen.
Stufe 8	Institutionalisierung des strategischen Wandels in der Unternehmenskultur	Nach Kotter kann erst von einem erfolgreichen Change-Management-Prozess gesprochen werden, wenn die Fortschritte in der Unternehmenskultur verankert wurden. Die Kultur der Gesundheits- und Medizintechnik AG bietet dafür schon sehr gute Voraussetzungen. Bodo Müller hätte es gelingen müssen, diese um die Zusammenarbeit von allen Bereichen zu ergänzen. Das bedeutet, das der Unternehmenserfolg deutlich von den Symbiosen zwischen den Abteilungen profitiert. Maßnahmen um dies zu fördern könnten regelmäßige Events wie beispielsweise Ideen- bzw. Innovationswettbewerbe und Preisverleihungen für besonderes Engagement sein. Ebenso Ehrungen für besondere Leistungen einzelner Mitarbeiter und Teams.

3   Aufgabe 3: Strategieimplementierung

3.1   Durchsetzung

Die Durchsetzungsphase der Strategieimplementierung umfasst drei verhaltensbezogene Aufgaben: Vermittlung der Strategie, die Einweisung und Schulung und die Schaffung eines strategiebezogenen Konsenses (Welge & Al-Laham, 2012, S. 807-809). Konkrete Maßnahmen im Rahmen der Durchsetzung wären für Bodo Müller folgende:

1. **Vermittlung der Strategie**

   Um die Strategie erfolgreich zu implementieren muss jeder Mitarbeiter im gesamten Unternehmen mit ins Boot geholt werden. Damit alle im Unternehmen an einem Strang ziehen, ist vor allem die Kommunikation der Strategie mit Inhalten und Zielen wichtig. Um der Belegschaft des Unternehmens die Strategie und die damit verfolgten Ziele des Unternehmens näher zu bringen, sollten diese in einer gemeinsamen Kick-off-Veranstaltung von Bodo Müller selbst informiert, aber auch über die Beweggründe für diese Entscheidung aufgeklärt werden. Es ist wichtig die Mitarbeiter für die Strategie zu motivieren, sie aber auch emotional zu erreichen. Dies gelingt über eine Verknüpfung mit der Unternehmensvision, der Formulierung einer Strategievision und dem mit Zahlen und Fakten begründeten Aufzeigen der Unternehmenssituation und der Marktveränderungen.

2. **Einweisung und Schulung**

   Da das Unternehmen bisher sehr ingenieur- und technikorientiert war, müssen die Mitarbeiter (vor allem im Marketing) besonders für ein gezieltes C-Level Marketing spezialisiert werden. Hierzu eignen sich Seminare oder Workshops von Best-Practise Vorbildern auf diesem Gebiet, in denen Know-How vermittelt wird, aber auch eine gewisse Sicherheit und Vertrauen in die neue Ausrichtung gegeben wird. Außerdem ist ein bereichsübergreifendes Arbeiten in Projektteams neu, sodass Mitarbeiterausbildungen im Gebiet von Kreativitätstechniken und die Einführung von bspw. einem allgemeinen Design-Thinking-Mindsets die neue Teamarbeit unterstützen würde

3. Schaffung eines strategiebezogenen Konsenses

Aufgrund der tiefgreifenden Umstrukturierung sind Konflikte zwischen den Mitarbeitern zu erwarten. Eine unzureichende Konfliktbewältigung erzeugt erhebliche Willensbarrieren und kann die Strategie scheitern lassen. Deshalb sollte Bodo Müller sich im Vorfeld Gedanken machen und ein entsprechendes Konfliktmanagement implementieren, mit dem Konflikte gehandhabt, gelöst und die positiven Wirkungen von Konflikten genutzt werden können (Welge & Al-Laham, 2012, S. 549).

Das Ausmaß von Konflikten kann auch vom Implementierungsstil abhängen. Das bisher beschriebene Vorgehen nennt sich „Kulturmodell". Hierbei formuliert das Management eine Strategie, verankert die dazugehörige Vision im Unternehmen und agiert im Implementierungsprozess lediglich als Trainer (vgl. Welge & Al-Laham, 2012, S. 549).

3.2 Umsetzung

In der Phase der Umsetzung geht es - nachdem die Akzeptanz der Mitarbeiter gewonnen wurde - um eine sachbezogene Realisierung der Strategie. Aufgaben der Strategieimplementierung sind die Transformation von strategischen Entscheidungen bzw. Pläne in konkrete Aktionen, Anpassung der Unternehmensstruktur und die Motivierung und Mobilisierung der Mitarbeiter (Bamberger & Wrona, 2012, S. 476). Konkrete Maßnahmen im Rahmen der Umsetzung wären für Bodo Müller folgende:

1. Transformation

Die erste konkrete Aktion, die Bodo Müller bereits ins Leben rief, ist die Bildung eines Projektteams für die Entwicklung von innovativen Ideen und Lösungsvorschlägen zum C-Level Marketing. Hiermit wird das strategische Vorhaben in eine Maßnahme überführt. Diese Umsetzung betrifft die Struktur und wird im nächsten Punkt daher näher erläutert. Zudem müssen weitere Einzelmaßnahmen umgesetzt werden. Konkret heißt dies Ressourcen abschätzen, Verantwortlichkeiten regeln und klare Ziele (Inhalt, Außmaß, Zeit) setzen.

2. Anpassung der Unternehmensstruktur

Dem Grundsatz „structure follows strategy" folgend muss die Organisationsstruktur des Unternehmens an den strategischen Wandel angepasst werden. Da ein C-Level Marketing nur abteilungsübergreifend realisiert werden kann, muss aus der aktuellen Projektgruppe eine Marketingabteilung wachsen. Das bedeutet, dass das Marketing nun nicht mehr von jeder einzelnen Abteilung separat entwickelt und umgesetzt wird, sondern in einer bereichsübergreifenden Abteilung die Gesundheits- und Medizintechnik AG ganzheitlich präsentiert.

3. Motivierung und Mobilisierung der Mitarbeiter

Zunächst können die Mitarbeiter durch eine bereits unter „Vermittlung der Strategie" genannte erfolgreiche mit Daten und Fakten gestützte Präsentation mit der Überzeugungstaktik mobilisiert werden. Um sie langfristig zu begeistern, eignet sich die Interventionstaktik, womit die Mitarbeiter intrinsisch motiviert werden (vgl. Raps, 2004, S. 37). Durch den bereits angeführten Implementierungsstil „Kulturmodell" haben die Mitarbeiter eine kompetente Führungskraft, die auf der einen Seite grundlegende Vorgehensweisen dirigieren kann, auf der anderen Seite aber als Mentor agiert und mit den Mitarbeitern zusammenarbeitet.

Für eine gute Motivation der Mitarbeiter muss nach Kotter (1996, S. 20) allerdings auch gewährleistet werden, dass schnelle, sichtbare Erfolge erzielt werden können. Weil sich die Auswirkungen des Marketings erst zeitlich versetzt in Umsatzzahlen zeigen werden, ist es wichtig, solche messbare „kleine" Erfolge festzulegen und die Mitarbeiter zeitnah für das Erreichen dieser Ziele zu belohnen. Hier eignet sich besonders die Anerkennung von Seiten der Führungskraft im Beisein anderer Kollegen, da somit auch andere für die Sache motiviert werden.

4 Aufgabe 4: Balanced Scorecard

4.1 Ursache-Wirkungskette

Bodo Müllers Strategie ist die Ausrichtung des Marketings auf die Bedürfnisse und Herausforderungen des „C-Levels". Im Folgenden ist auf Grundlage dieser Strategie eine Ursache-Wirkungskette für die Gesundheits- und Medizintechnik AG dargestellt.

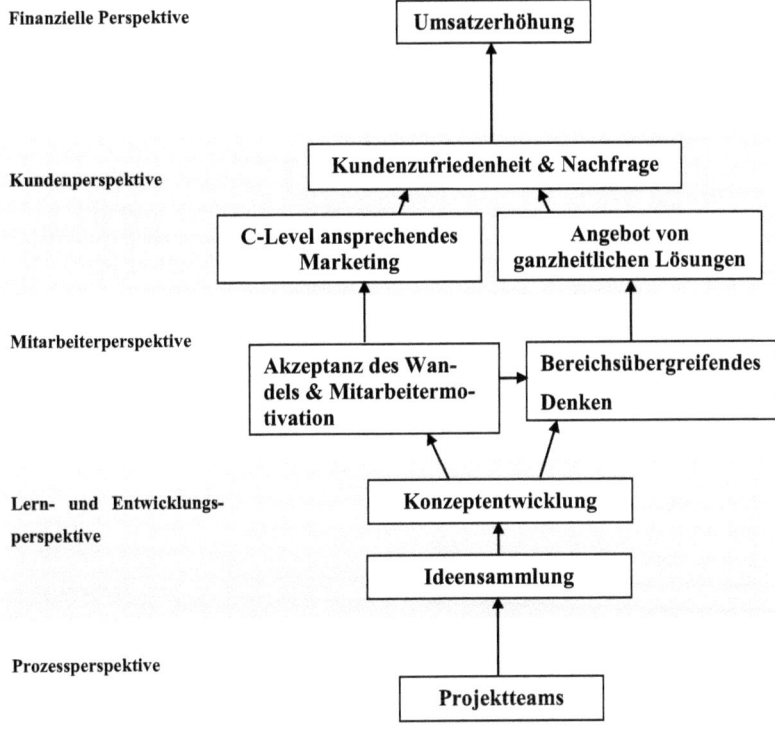

Finanzielle Perspektive — **Umsatzerhöhung**

Kundenperspektive — **Kundenzufriedenheit & Nachfrage** — **C-Level ansprechendes Marketing** — **Angebot von ganzheitlichen Lösungen**

Mitarbeiterperspektive — **Akzeptanz des Wandels & Mitarbeitermotivation** — **Bereichsübergreifendes Denken**

Lern- und Entwicklungsperspektive — **Konzeptentwicklung** — **Ideensammlung**

Prozessperspektive — **Projektteams**

Abbildung 1: Ursache-Wirkungskette für Bodo Müllers Strategie

Um die alle Arbeitsebenen und Bereiche mit einzubeziehen, werden in bereichsübergreifend zusammengestellten Projektteams (Prozessperspektive) Ideen gesammelt und daraus Konzepte entwickelt (Lern- und Entwicklungsperspektive). Dies fördert aus der Mitarbeiterperspektive ein breiteres Denken und wird durch die Vertretung aller Abteilungen in den Projektteams die Akzeptanz für die Strategie und damit die Mitarbeitermotivation steigern. Ein neues, das C-Level der Unternehmen ansprechende Marketing und neue ganzheitliche Lösungen führen zu einer verbesserten Kundenzufriedenheit und Nachfrage (Kundenperspektive) und somit letztendlich aus der Finanzperspektive zu einer Umsatzerhöhung.

13/18

4.2 Festlegung Ziele, Kennzahlen, Vorgaben und Maßnahmen

Tabelle 3: Ziele, Kennzahlen, Vorgaben und Maßnahmen

Perspektive	Ziele	Kennzahlen	Vorgaben	Maßnahmen
Finanzen	Umsatzer-höhung	Umsatz in Euro	+ 4% Umsatz in einem Jahr	Steigerung des Umsatzes durch Angebot an neuen Leistungen
Kunden	Kunden-nachfrage	Anfragen pro Monat	3 Neukunden pro Monat	Gezieltes „C-Level" Marketing
Mitarbeiter	Mitarbei-termotiva-tion	Zufriedenheits-index	Hoher Zufriedenheits-index (mindestens 2,5 auf einer von 1 bis 6 reichenden Schulno-tenskala)	Vorschlagswesen imple-mentieren
Lernen & Entwicklung	Ideen-sammlung	Anzahl der vor-gestellten Ideen	Vorschläge von 10% der Mitarbeiter inner-halb von 1 Jahr	Anreizsystem für gute Ideen und Vorschläge
Prozess	Projekt-teams	Anzahl der Mit-arbeiter, die sich freiwillig melden, um an dem Projekt mitzuarbeiten	80 Mitarbeiter in Pro-jektteams	Präsente Kommunikation des Vorhabens im ganzen Unternehmen

5 Aufgabe 5: Unternehmensethik

5.1 Praxisbeispiel

Die ehemals zum für Skandale bekannten Konzern Nestlé angehörige Firma „Alete"
wurde im vergangenen Jahr (2017) von der Verbraucherorganisation „Foodwatch" für
den „goldenen Windbeutel" nominiert und „gewann" diesen Negativpreis für die dreisteste Werbelüge in diesem Jahr. Bereits 2014 war das Unternehmen aufgrund eines anderen Produkts für die dreisteste Werbelüge in jenem Jahr ausgezeichnet worden. Das Unternehmen hatte in beiden Fällen Babynahrungsprodukte (im Jahr 2017: Baby-Kekse und
im Jahr 2014: eine Trinkmahlzeit für Säuglinge) auf den Markt gebracht, die aufgrund
eines sehr hohen Zuckeranteils keineswegs der ärztlichen Empfehlung für babygerechte
Ernährung entsprechen und dennoch als „babygerecht" beworben wurden (FAZ, 2018).
Etwa 30 Prozent der Alete-Produkte ist entgegen der Empfehlung von Ernährungsexper-
ten Zucker zugesetzt (Frankfurter Allgemeine Zeitung, 2018). Alete vertreibt ausschließ-
lich Babynahrung und Getränke für Schwangere und stillende Mütter und ist bei dieser
Spezialisierung durch die Aufdeckung dieser nicht authentischen Produkte stark in Kritik
geraten.

5.2 Unternehmenswerte

Das Unternehmen Alete steht für Verantwortung, Qualität und hochwertige Produktions-
prozesse, wie es unübersehbar auf seiner Website präsentiert. Des Weiteren finden sich
in der Onlinepräsentation des Unternehmens die Schlagworte: Sicherheit, Vielfalt, Entdecken, Qualität und Tradition (Alete GmbH, 2018). Alete bietet eine Hotline mit Ernäh-
rungsberatungsservice an und präsentiert und verweist bei Fragen gerne auf die Rubrik
„Ernährungstipps" auf der unternehmenseigenen Website.

5.3 Wertebruch

Die Verbraucherorganisation „Foodwatch" kritisiert vor allen, dass die im Jahre 2017
vermarkteten Baby-Kekse durch ihren hohen Zuckergehalt bei Säuglingen und Kleinkin-
dern die Entstehung von Karies und Überfütterung fördern.
"Die Ernährung in den ersten Lebensmonaten ist prägend und beeinflusst das spätere Er-
nährungsverhalten eines Menschen", sagt Wieland Kiess, Kindermediziner am

Uniklinikum Leipzig. "Deshalb ist es wichtig, eine zu starke Süßgewöhnung im Säuglingsalter zu vermeiden." (Klöckner, 2018) Dies dürfte Alete durchaus bewusst gewesen sein, da die Firma im Jahre 2014 schon einmal für ein anderes Produkt aus denselben Gründen in der Kritik stand. Aus dieser Sicht widerspricht das Handeln des Unternehmens seinen Werten in Punkto Verantwortung, weil das Unternehmen kein Verantwortungsbewusstsein für die gesundheitlichen Auswirkungen der Produkte hat. Bei dem Schlagwort „Entdecken" denkt der Verbraucher an alles andere, als das Entdecken und sich Gewöhnen eines Säuglings an eine ungesunde, zuckerreiche Ernährung. Hochwertige Prozesse und die Einhaltung von gewissen Qualitätsstandards mögen zwar gegeben sein. Nichts desto trotz, sind auch die Anforderung Sicherheit und der Passus Qualität und Tradition und nicht erfüllt. Zu einer Zeit in der bereits mehr als sechs Millionen Deutsche an Diabetes leiden - Tendenz weiter steigend – wird Kindern vorsätzlich Zucker in großen Mengen „untergejubelt"; vermutlich auch, um sie an die Produkte des Unternehmens zu binden.

5.4 Konsequenzen

Tabelle 4: Konsequenzen für externe und interne Stakeholder

	Stakeholder	Konsequenzen
Extern	Kunden	• fühlen sich betrogen • haben kein Vertrauen mehr in Alete o Ernährungstipps und -beratung können nicht ernst genommen werden • Wechseln zu anderen Anbietern oder steigen auf selbstgemachte Babynahrung um
	Verbraucherschutzverbände	• haben mit dem „Skandal" einen guten Ansatzpunkt, um aufzuklären und für das Thema zu sensibilisieren
Intern	Mitarbeiter	• können sich evtl. nicht mehr mit Arbeitgeber identifizieren o Unzufriedenheit • Es tragen auch unschuldige Mitarbeiter die Konsequenzen dieses Falls
	Führungspersonal	• Müssen sich verantworten, verlieren an Glaubwürdigkeit • Umsatz des Unternehmens sinkt

6 Literaturverzeichnis

Alete GmbH. (29. Juni 2018). *www.alete.de.* Von www.alete.de/de/ueber-uns/wer-wir-sind/ abgerufen

Bamberger, I., & Wrona, T. (2012). *Strategische Unternehmensführung. Strategien, Systeme, Prozesse (2.Aufl).* München: Vahlen.

Deutsche Hochschule für Prävention und Gesundheitsmanagement. (1. Juli 2018). Einsendeaufgabe Studienmodul: Strategisches Management II. Saarbrücken: Deutsche Hochschule für Prävention und Gesundheitsmanagement.

FAZ. (29. Juni 2018). *www.faz.net.* Von http://www.faz.net/aktuell/finanzen/meine-finanzen/richtig-einkaufen/alete-babykeks-erhaelt-negativpreis-als-dreisteste-werbeluege-15314042.html abgerufen

Frankfurter Allgemeine Zeitung. (4. Juli 2018). *www.fay.net.* Von http://www.faz.net/aktuell/finanzen/meine-finanzen/richtig-einkaufen/alete-babykeks-erhaelt-negativpreis-als-dreisteste-werbeluege-15314042.html abgerufen

Klöckner, L. (29. Juni 2018). *www.stern.de.* Von https://www.stern.de/gesundheit/ernaehrung/foodwatch-kritisiert-babynahrung---zu-suess--zu-salzig-und-ungesund-3845486.html abgerufen

Kotter, J. (1996). *Leading change.* Boston: Harvard Business School Press.

Raps, A. (2004). *Erflgsfaktoren der Strategieimplementierung. Konzeption und Instrumente.* Wiesbaden: Dt. Univ. Verl.

Schulte-Zurhausen, M. (2010). *Organisation.* München: Vahlen.

Venzin, M., Rasner, C., & Mahnke, V. (2010). *Der Strategieprozess. Praxishandbuch zur Umsetzung im Unternehmen.* Frankfurt am Main (u.a.): Campus Verlag.

Welge, M., & Al-Laham, A. (2012). *Strategisches management. Grundlagen - prozessimplementierung.* (S.I.): Gabler.

7 Abbildungs- und Tabellenverzeichnis

7.1 Abbildungsverzeichnis

7.2 Tabellenverzeichnis